A PICCOLI PASSI

Al mio piccolo Karim

Titolo originale: *L'Egypte à petits pas*

Testi: Aude Gros de Beler
Illustrazioni: Aurélien Débat
Traduzione e adattamento: Giangiacomo Gerevini
Progetto grafico di collana: Simonetta Zuddas
Restyling, impaginazione e redazione: Pier Paolo Puxeddu+Francesca Vitale studio associato

www.giunti.it

Via Bolognese 165 - 50139 Firenze - Italia
Piazza Virgilio 4 - 20123 Milano - Italia

Prima edizione Motta Junior: aprile 2008
Prima ristampa: maggio 2018

FSC
www.fsc.org
MISTO
Carta da fonti gestite in maniera responsabile
FSC® C016466

Stampato presso Lito Terrazzi Srl - Stabilimento di Iolo

AUDE GROS DE BELER

L'EGITTO

A PICCOLI PASSI

Illustrazioni di
AURÉLIEN DÉBAT

GIUNTI

L'EGITTO E IL SUO POPOLO

L'EGITTO, DONO DEL NILO

Grazie ai suoi 6671 chilometri, il Nilo è il secondo fiume del mondo dopo il Rio delle Amazzoni, in Sudamerica. Anche se il Nilo viene associato subito all'Egitto, prima di entrare in questo paese ha già percorso più di tre quarti del suo tragitto.

Un fiume africano

Il Nilo vero e proprio inizia con la confluenza di due rami distinti: il Nilo Bianco, che origina dal lago Vittoria, al confine di Tanzania, Kenya e Uganda, e il Nilo Azzurro, che nasce dal lago Tana, in Etiopia. All'altezza di Khartum, capitale del Sudan, i due rami si uniscono e formano un fiume solo, il Nilo, che si dirige verso l'Egitto e lo attraversa, prima di sfociare nel Mediterraneo.

Un solo paese, due deserti

L'Egitto comprende una lunga striscia di terre coltivabili, tagliata in due dal corso del Nilo: è la fertile vallata che gli egizi chiamano "Terra Nera". Sui due lati della valle, si trova la "Terra Rossa", ossia il deserto: il deserto Libico a ovest, quello Arabico a est. Alla divisione tra valle e deserto, gli antichi egizi ne aggiungono un'altra, da sud a nord: l'Alto Egitto, tra Assuan e l'attuale città del Cairo, e il Basso Egitto, comprendente il delta del Nilo, tra Il Cairo e il Mediterraneo.

La piena del Nilo

Causa della piena sono le abbondanti precipitazioni sull'altopiano etiopico, dove nasce il Nilo Azzurro. Per tutto il loro corso, le acque del fiume trascinano un fertile limo, che nutre le colture e arricchisce la terra. L'ondata di piena parte dal cuore dell'Africa verso la fine di maggio e giunge in Egitto solo a fine giugno o ai primi di luglio. Tant'è che gli egizi scandiscono la durata dell'anno in tre stagioni:

Akhet (inondazione), da giugno a ottobre. Il Nilo tracima nelle terre coltivabili e vi depone il fertile limo.

Peret (semina), da novembre a febbraio. Il Nilo rientra nel suo letto; sui campi, ingrassati dal limo, gli agricoltori effettuano la semina.

Shemu (raccolta), da marzo a giugno. I contadini si dedicano al raccolto; il Nilo è molto basso e nel paese c'è scarsità d'acqua.

Credenze degli antichi egizi

Gli antichi egizi non sapevano da dove nascesse il Nilo (le sorgenti). Erano convinti che l'ondata di piena avesse origine da una grotta sotterranea, situata nei pressi della città di Assuan. Laggiù vivevano Khnum, il dio montone, e le sue spose, Satis e Anuki. Secondo la leggenda essi attingevano ogni anno la quantità di limo necessaria per rendere fertile il suolo dalle riserve di Hapy, dio del Nilo e della piena.

UN DIO PER TUTTE LE COSE

La religione egizia è complicatissima, poiché venera moltissimi dei che intervengono in ogni aspetto della vita quotidiana, nell'ordine cosmico e nel mondo dei morti. Inoltre, le credenze variano secondo le regioni, e si sono notevolmente trasformate nei 3500 anni della civiltà egizia.

L'innegabile presenza divina

Gli dei egizi sono parte dell'universo al pari degli uomini, delle piante, degli animali e di ogni altro elemento.
Gli egizi non mettono in discussione l'esistenza degli dei, perché essi fanno parte della loro vita quotidiana.
Il sole è il dio Ra, il cielo la dea Nut, la terra il dio Geb, il Nilo il dio Hapy…
Anche le idee più astratte sono personificate: l'amore è la dea Hathor, e la giustizia la dea Mut.

Una pletora di dei

La religione egizia è caratterizzata da una molteplicità di dei, che possono avere più nomi, più funzioni e più raffigurazioni. Per esempio, Thot è dio della luna, signore della conoscenza, messaggero divino e patrono degli scribi.
Può essere raffigurato nelle sembianze di un ibis o di un babbuino. Riconoscere un dio è spesso un'impresa: il falco può rappresentare Horus, Haroeri, Hurun, Harakhti o Ra. Ecco perché, se vuoi sapere con certezza quale dio viene rappresentato in un'immagine, devi essere capace di leggere i geroglifici posti sul suo capo.

La creazione del mondo

Gli egizi credono che il mondo sia stato creato da Ra, il sole. All'inizio, non c'è alcun universo. C'è invece il *Nun*, una specie di grande massa d'acqua stagnante, che rappresenta il niente. Dal *Nun* si distacca il sole, Ra. Sputando per terra, egli origina il dio Shu (il soffio vitale) e la dea Tefnut (l'acqua). Gli dei si uniscono e danno vita al dio Geb (la terra) e alla dea Nut (il cielo), che a loro volta hanno cinque figli: Osiride, Iside, Horus il Vecchio, Seth e Nefti. In seguito nascono gli altri dei, e infine gli uomini. Per esempio, Thot, dio della conoscenza, è nato dal cranio di Ra in un accesso di malinconia; Anubi, dio della **mummificazione**, è figlio di Osiride e di Nefti, mentre Horus, protettore della monarchia (da non confondersi con Horus il Vecchio), è figlio di Osiride e Iside. Il serpente malvagio, Apopi, ha origine da uno sputo nel *Nun*.

GLI DEI PIU' VENERATI

Gli egizi hanno molte centinaia di dei. Conosci i più importanti?

Amon: dio della città di Tebe. È rappresentato come un uomo che porta in capo una corona con due lunghe piume.

Anubi: dio della mummificazione. Sciacallo, o uomo con testa di sciacallo.

Atum: il disco solare, i cui raggi terminano in molte mani che reggono una croce di vita.

Bastet: la figlia del sole. Raffigurata come gatta, o donna con testa di gatto.

Bes: dio protettore del focolare, delle donne e dei bambini. Nano barbuto e sorridente, sempre rappresentato frontalmente, a differenza degli altri dei egizi.

Hapy: dio del Nilo e della piena. Metà uomo e metà donna, ha il ventre gonfio e il seno cadente.

Hathor: dea dell'amore e della danza. Mucca o donna con testa di mucca, ha sul capo un disco solare.

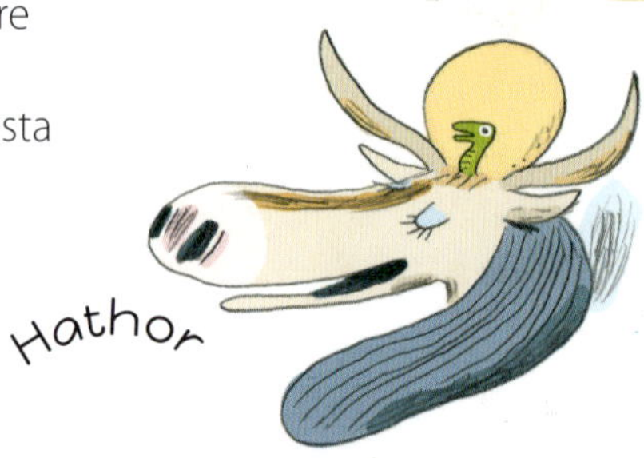

Horus: protettore della monarchia.
Falco o uomo con testa di falco.

Iside: sposa di Osiride,
protettrice dei viventi e dei morti.
Donna che porta in capo
un trono dall'alto schienale.

Mut: dea della giustizia e della verità.
Piuma di struzzo, o donna
con una piuma di struzzo sul capo.

Osiride: dio dei morti.
Uomo mummificato con la pelle
dipinta di verde, il colore della rinascita.
Porta una corona con due piume,
e tiene in mano il pastorale e il flagello.

Ra: il sole. Raffigurato come
un uomo, talvolta con testa di falco,
ha sul capo un disco solare.

Sobek: signore delle acque.
Coccodrillo, o uomo con testa
di coccodrillo.

Thot: dio della scrittura
e della conoscenza.
Ibis o uomo con testa di ibis.

Thueris: dea protettrice delle donne
e dei bambini.
Donna con corpo di ippopotamo
e zampe di leone.

IL FARAONE, SIGNORE DELLE DUE TERRE

Il faraone è il re d'Egitto. Egli è posto sul trono per garantire il rispetto della giustizia, della verità, dell'ordine e della fiducia. Regna da signore assoluto su tutto quanto lo circonda; domina l'Egitto e i paesi conquistati, e agisce sempre come meglio crede.
I sudditi lo venerano, perché lui solo può assicurare felicità, ricchezza e protezione.

Il faraone: mezzo dio, mezzo uomo

Il faraone è creduto figlio degli dei e loro rappresentante in terra.
Per meglio capire la sua posizione, devi sapere che, per gli antichi egizi, il mondo è sorto da un'idea del dio Ra il quale, al termine dell'immane lavoro della creazione, si è posto sul trono d'Egitto. Quel primo periodo in cui dei e uomini vivono insieme sulla terra è detto *età dell'oro*.

A un certo punto, però, gli uomini decidono di ribellarsi e Ra, stanco e deluso, si ritira in cielo, lasciando il potere ai suoi discendenti: Shu, Geb, Osiride e infine Horus, l'ultimo degli dei che è stato re. In seguito, sulla terra regnano i semidei, poi i faraoni umani, il cui primo rappresentante è Narmer. Siamo all'incirca nel 3000 a.C., vale a dire 5000 anni fa.

Il faraone: come riconoscerlo?

Le insegne del faraone ricordano a tutti che egli è un dio tra gli uomini. Come gli dei, ha una barba posticcia e, come Osiride, tiene in mano il pastorale e il flagello. Sulla sua fronte c'è l'occhio di Ra, l'**ureo**, destinato a proteggerlo da qualsiasi nemico. In capo porta il *pschent*, la doppia corona dell'Alto e Basso Egitto, il *nemes*, una specie di cuffia che avvolge la chioma, o il *kheperesh*, la corona di guerra, un casco azzurro a dischi circolari.

Il faraone, capo indiscusso dell'Egitto

Il faraone è l'unico essere umano che si può occupare del culto nei templi: è pertanto il primo **sacerdote** d'Egitto. È anche capo dell'amministrazione e dell'esercito. Dato che non può essere ovunque, è costretto a nominare dei responsabili che lo aiutino nei suoi compiti: grandi sacerdoti nei templi, alti funzionari ai vertici dell'amministrazione, generali nell'esercito. Ciascuno di loro deve redigere un rapporto periodico sulle condizioni del settore che dirige e presentarlo al faraone.

Lo sai che...

Nel III secolo a.C. il faraone Tolomeo III chiede al sacerdote Maneto di stilare una cronologia dei re d'Egitto. Maneto compila una lista di 190 faraoni, suddivisi in 30 dinastie. Su quella base, gli egittologi hanno diviso le dinastie in Regni (periodi di prosperità) e Periodi intermedi (caratterizzati da problemi politici o economici), che terminano in un periodo detto Epoca tarda, che segna il lento tramonto dell'Egitto.

I FARAONI PIU' CELEBRI

Gioser (circa 2650 a.C.)

È a lui che si deve la prima **piramide** d'Egitto, la piramide a gradoni di Saqqara.
Per merito di un architetto geniale, Imhotep, i monumenti sono ormai costruiti in pietra, non più in mattoni crudi (amalgama di terra, acqua e paglia), e i faraoni sono sepolti nelle piramidi, non più nelle *mastabe*, tombe di forma rettangolare.

Cheope (circa 2500 a.C.)

È il faraone che ha edificato la grande piramide di Giza, la prima delle sette meraviglie del mondo antico.
Oggi l'enorme monumento domina la valle del Cairo, ma di Cheope non sappiamo quasi nulla; il suo unico ritratto è rappresentato da una statuetta d'avorio alta otto centimetri!

Hatshepsut (circa 1500 a.C.)

In circostanze normali, le regine d'Egitto non esercitano funzioni di governo, ma di semplice rappresentanza, a fianco del faraone.
In tremila anni, solo cinque regine hanno retto lo Stato come sovrane: la più celebre dei "faraoni donna" è Hatshepsut.
Lei ha deciso la politica interna dell'Egitto per un ventennio, mentre il nipote Thutmosi III si occupava delle questioni militari.

Thutmosi III (circa 1500 a.C.)

L'Egitto ha sempre cercato di espandere i suoi confini e diventare la massima potenza mondiale. Tra i faraoni egizi, il più grande conquistatore è Thutmosi III, soprannominato "il Napoleone egizio".
Sotto di lui, il paese si è espanso fino a comprendere il Sudan settentrionale, la Palestina, il Libano e la Siria.

Tutankhamon (circa 1330 a.C.)

In seguito alla scoperta della sua tomba intatta nella Valle dei Re, Tutankhamon è il faraone più celebre d'Egitto.
Eppure il suo non è stato un regno glorioso: è asceso al trono a nove anni ed è morto solo dieci anni dopo, senza avere mai governato.

Ramesse II (circa 1250 a.C.)

È il simbolo del faraone egizio: potente, guerriero, sempre vincente. Il suo regno è durato 66 anni: Ramesse II è morto novantenne. Di lui si dice che abbia avuto un centinaio di figli.
È il faraone più noto perché è stato il più grande costruttore dell'antico Egitto: i monumenti che ne celebrano la gloria sono quasi tutti di dimensioni colossali.

I SACERDOTI, SERVI DEL TEMPIO

A differenza del prete cattolico o dell'imam musulmano, il sacerdote egizio non ha la funzione di ricevere i fedeli nel tempio e di aiutarli a pregare. È un servo del dio, e deve provvedere alle sue esigenze quotidiane: alimentazione, abbigliamento, svago e protezione, cosicché la divinità sia appagata delle attenzioni ricevute.

Il tempio: la casa del dio

Il **tempio** egizio non è un luogo dove ci si raccoglie per pregare: è soltanto la casa del dio. Ogni dio importante possiede quindi il suo tempio; a volte parecchi templi, nelle diverse regioni dell'Egitto.
Per capire meglio il ruolo degli dei, devi sapere che la monarchia egizia è basata su un contratto fra gli dei e il faraone. Gli dei assicurano pace, prosperità, ordine e concordia; in cambio, il re offre loro tutto ciò di cui hanno bisogno, e soprattutto templi sfarzosi e regali preziosissimi.

Com'è organizzato un tempio?

Il tempio è un luogo sacro cui possono accedere solo il re e i sacerdoti. Perciò è circondato da un **muro di cinta**, che protegge l'edificio dal mondo esterno. Il vano più importante è il ***sancta sanctorum***, una cella posta al centro dell'edificio, dove si trovano la statua del dio e la portantina per le processioni. Intorno a questa cella segreta, vi sono altre celle che contengono gioielli, stoffe e suppellettili per il culto. All'esterno di questo nucleo c'è una serie di sale più vaste e di corridoi. Da qui si accede all'ingresso del tempio, riconoscibile dalla porta monumentale detta **pilone**. Fra il tempio e il muro di cinta si possono trovare un laghetto sacro per le passeggiate del dio, alcuni pozzi, le abitazioni dei sacerdoti, magazzini e giardini.

I doveri del sacerdote

Proprio perché serve nella casa del dio, il sacerdote deve osservare un certo numero di regole per mantenersi puro. È obbligato a lavarsi più volte al giorno, deve essere perfettamente rasato, avere i capelli tagliati a zero, depilarsi ed essere circonciso. Non gli è permesso mangiare carne di montone, maiale e piccione. Non può consumare verdure, sale, vino e olio. Deve indossare abiti di puro lino e calzare sandali di palma. Per riposare, si stende per terra, su una semplice stuoia intrecciata. Oltre a curarsi della pulizia del corpo, deve possedere molte conoscenze: astronomia, medicina, magia, architettura, matematica…

GLI SCRIBI E I GEROGLIFICI

Gli scribi costituiscono una casta privilegiata e potente. Sia che redigano testi sacri, sia che lavorino nella pubblica amministrazione, appartengono alla stessa confraternita, il cui protettore è il dio Thot, inventore della scrittura. L'eccezionale prestigio sociale di cui godono dipende dal fatto che tutti hanno bisogno dei loro servizi e che l'intera società dipende da loro.

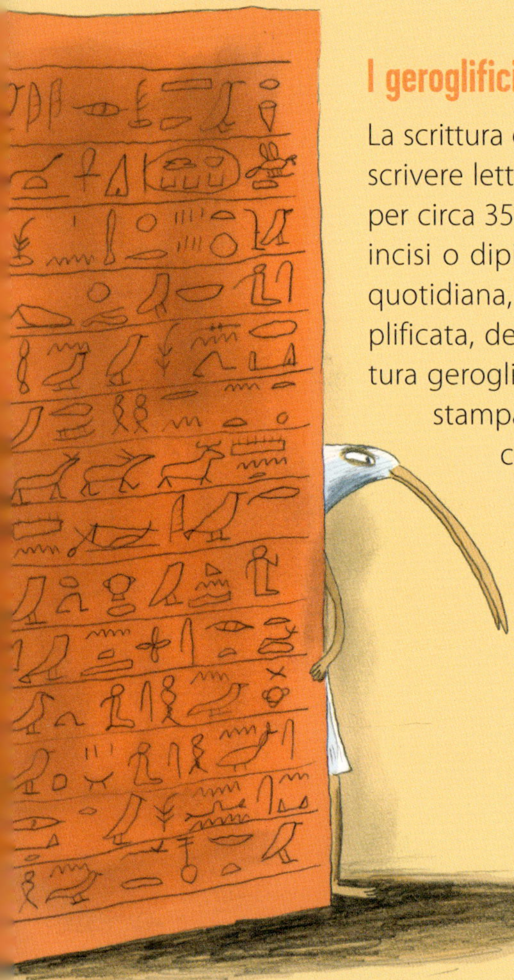

I geroglifici: la scrittura sacra

La scrittura **geroglifica** usa disegni stilizzati per trascrivere lettere e suoni; essa è stata usata in Egitto per circa 3500 anni. È una scrittura riservata ai testi incisi o dipinti su monumenti e statue. Nella vita quotidiana, gli scribi utilizzano una scrittura semplificata, detta **ieratica**. È un po' come se la scrittura geroglifica corrispondesse ai nostri caratteri a stampa, e la ieratica alla scrittura a mano. Nel corso del tempo, lo ieratico si è ulteriormente semplificato per consentire agli scribi di risparmiare tempo: la nuova scrittura si chiama **demotica**.

Scrittura sillabica e scrittura ideografica: un vero rompicapo

La scrittura geroglifica è complicatissima da leggere, poiché usa segni che non hanno sempre lo stesso significato. Con le 21 lettere dell'alfabeto italiano, più le 5 dell'alfabeto internazionale, possiamo leggere qualsiasi testo. In Egitto, alcuni segni, alfabetici o sillabici, funzionano all'incirca come i nostri: un segno corrisponde a una, due o tre lettere. Altri segni, ideografici, corrispondono a una parola: se, per esempio, intendo scrivere la parola "toro", devo disegnare un toro. Per riuscire a comporre un testo, gli scribi debbono padroneggiare l'uso di circa 750 segni.

Gli strumenti dello scriba

Per scrivere, lo scriba siede per terra con le gambe incrociate e dispiega il foglio di **papiro** sulle ginocchia. Poi estrae da un sacco di tela i materiali necessari.

Un buon lavoro richiede parecchi strumenti: la tavolozza, una specie di assicella di legno, avorio o pietra, con un astuccio per le cannucce e due calamai; una cannuccia in legno di giunco di cui si mordicchia la punta per ottenere un pennello; una ciotola d'acqua per intingere il pennello; un raschietto per cancellare; un tagliacarte per ridurre le dimensioni del foglio, una volta scritto il testo.

Lo sai che...

Si ritiene che solo un egizio su cento sapesse leggere e scrivere, una percentuale che equivale al numero degli scribi di professione. I testi dimostrano che molto spesso gli alti funzionari che amministravano lo Stato non erano in grado di leggere e scrivere correntemente!

I MILITARI, PROTETTORI DEL REGNO

Fin dalle origini dello Stato dei faraoni, l'Egitto ha un sistema militare ben organizzato e supervisionato attentamente dagli scribi. In teoria, il faraone, circondato da un consiglio di guerra, è capo supremo delle forze armate; spesso però egli delega a un generale il comando delle operazioni. Questi è assistito da luogotenenti.

I due corpi da combattimento

Nelle battaglie importanti, l'organizzazione militare prevede l'intervento di due reparti: i soldati a piedi (fanteria) e i soldati su carri da guerra (carristi). La fanteria, il corpo meno prestigioso, è organizzata in divisioni di 5000 uomini, cui vanno aggiunti i comandanti e lo stato maggiore. I carristi, corpo ben più nobile, sono organizzati in numerosi reggimenti di 100 carri.

Le armi degli egizi

Sul campo di battaglia, i soldati dispongono di armi diverse. Nel combattimento a distanza, usano fionde o archi e frecce. Nel corpo a corpo, colpiscono con mazze, randelli, daghe, pugnali o asce da guerra, armi temibili che, se usate correttamente, uccidono gli avversari sul colpo.
Per la difesa, sono dotati di scudi, vale a dire di tavole di legno ricoperte di pelle. Talvolta sono rivestiti di spesse casacche di cuoio o di cotte di maglia in bronzo.

La dura vita del soldato

Nelle lezioni, i maestri godono malignamente nel dipingere a tinte fosche la condizione del soldato: "Seguimi e ti racconterò la difficile condizione del soldato. Nelle marce in montagna, deve portare in spalla il cibo e l'acqua; il collo s'ingrossa, e le vertebre della schiena s'incurvano. Beve acqua sporca, e si può liberare del carico solo quando deve montare di sentinella. Quando si avvicina al nemico, è preso in trappola come un uccellino. Quando ritorna in Egitto, pare un pezzo di legno mangiato dai vermi. È malato, e non può più stare in piedi".

Lo sai che...

Gli egizi usavano un sistema particolare per contare i nemici caduti in battaglia. Al termine del combattimento, i soldati si aggiravano tra i cadaveri degli avversari e tagliavano a ciascuno una mano, che gettavano ai piedi dello scriba incaricato del computo. Tante mani annotate, tanti nemici uccisi.

GLI ARTIGIANI, AUTENTICI ARTISTI

La corporazione degli artigiani include tutti coloro che esercitano un lavoro manuale: orefici, scultori, pittori e falegnami, ma anche lavandai, fornai, panettieri, barbieri e tessitori. Fra tutti gli artigiani il cui mestiere è rappresentato nella corporazione, i veri privilegiati sono quelli che praticano un lavoro considerato "artistico".

Artigiani sì, ma anche artisti

Quando fai un disegno che ti sembra bello, lo firmi: vuoi che la persona cui lo regali ricordi che è opera tua. Gli artigiani egizi, invece, non firmano le loro opere, poiché tutto ciò che producono ha come fine l'utilità, non la bellezza. Quando decorano la tomba di un faraone o ne scolpiscono la statua, cercano di aiutare il re a ottenere l'immortalità. Se oggi alcuni pezzi sono giudicati autentici capolavori, è perché l'artigiano ha eseguito magistralmente il suo compito.

Il lavoro nelle fabbriche

Le fabbriche reali somigliano a giganteschi formicai, in cui moltissimi artigiani lavorano come forsennati: alcuni fabbricano oggetti di culto per i templi, altri il mobilio funebre per il re.

Gli operai sono raggruppati a seconda del mestiere: lavoratori del legno, del cuoio, della pietra, dei metalli. Si tratta di centinaia di persone intente a scolpire, dipingere, segare, piallare, fondere il metallo, conciare il cuoio. Non è difficile immaginare l'atmosfera: caldo, polvere, odori, rumore di attrezzi, urla dei sorveglianti, strilli degli operai…

Una povera cassetta degli attrezzi

Tanto impressionante è il lavoro svolto, quanto rudimentali sono gli attrezzi impiegati per la realizzazione, specie nel caso degli artigiani specializzati nel lavorare la pietra. Gli utensili sono pochi e destinati a svariati usi: cesoie per il taglio della pietra tenera, seghe per la pietra dura, picchetti per i lavori di sgrossatura, succhielli per praticare fori, accette per ricavare scanalature e, anziché martelli, mazzuoli di legno o pestelli di pietra.

Lo sai che...

Da principio, gli egizi conoscono soltanto gli utensili in rame. Poi, all'inizio del Medio Regno (2000 a.C. circa), subentra il bronzo, in ritardo di mille anni sull'Oriente. Il ferro fa una timida comparsa sotto il regno di Tutankhamon (1350 a.C. circa), ma si afferma definitivamente solo tra il 1000 e il 600 a.C.

I CONTADINI, REIETTI DELLA SOCIETÀ EGIZIA

L'Egitto deve da sempre la sua ricchezza al massacrante lavoro dei contadini. Ebbene, questi lavorano a ritmi insostenibili una terra che non appartiene loro, e assicurano la sopravvivenza di una società che gli lascia a malapena di che vivere. Nel corso dei secoli, le condizioni dei contadini sono cambiate pochissimo: sono i grandi emarginati della società egizia.

Contadino, un lavoro ingrato

Gli scribi, sempre beffardi, spiegano così le condizioni di vita dei contadini: "Il coltivatore fa un duro lavoro. Quando le acque alluvionali coprono il suolo, si occupa dei suoi utensili: passa il giorno a intagliare attrezzi e la notte a fabbricare corde.

Le cavallette nei campi sono numerose, il bestiame divora le colture, i passeri mandano in miseria i contadini. A ciò che resta pensano i ladri. A questo punto, lo scriba scende a riva: vuole riscuotere l'imposta sul raccolto.

Le guardie, armate di randelli, vengono a reclamare grano quando ormai non ce n'è più. Picchiano il contadino, lo legano e lo buttano nel pozzo. Anche la moglie subisce la stessa sorte, e i loro figli vengono incatenati".

L'irrigazione delle colture, centro della vita contadina

Nei mesi delle acque basse, dopo il raccolto, il contadino provvede ai lavori di irrigazione necessari per sfruttare adeguatamente la terra. Ciò impegna anche la manodopera reclutata con il lavoro obbligatorio. Così, per beneficiare al massimo delle piene, si restaurano dighe e canali distrutti dai flutti, se ne scavano di nuovi, se necessario, e si irrigano le terre non raggiunte dalle acque alluvionali.

Il contadino: uno sconosciuto per gli archeologi

Sulle pareti delle tombe, gli egizi rappresentano le scene della vita quotidiana, soprattutto i lavori dei campi. Così ci sono perfettamente note le tecniche agricole del contadino egizio.
Al contrario, nulla sappiamo della sua vita, poiché non ha lasciato tracce di sé. Sicuramente abita con la famiglia in una poverissima casa di mattoni, in prossimità dei campi. Alla sua morte, è probabile che venga sepolto in una fossa o sotto un sottile strato di sabbia del deserto.

Lo sai che...

Le terre coltivabili dell'Egitto ammontano al 3,5% della superficie complessiva. Il resto è il regno del deserto. Ciò spiega perché i contadini egizi debbano per forza ottenere il massimo dalla terra: un cattivo raccolto comporta inevitabilmente la carestia.

LAVORARE NELLA VALLE DEL NILO

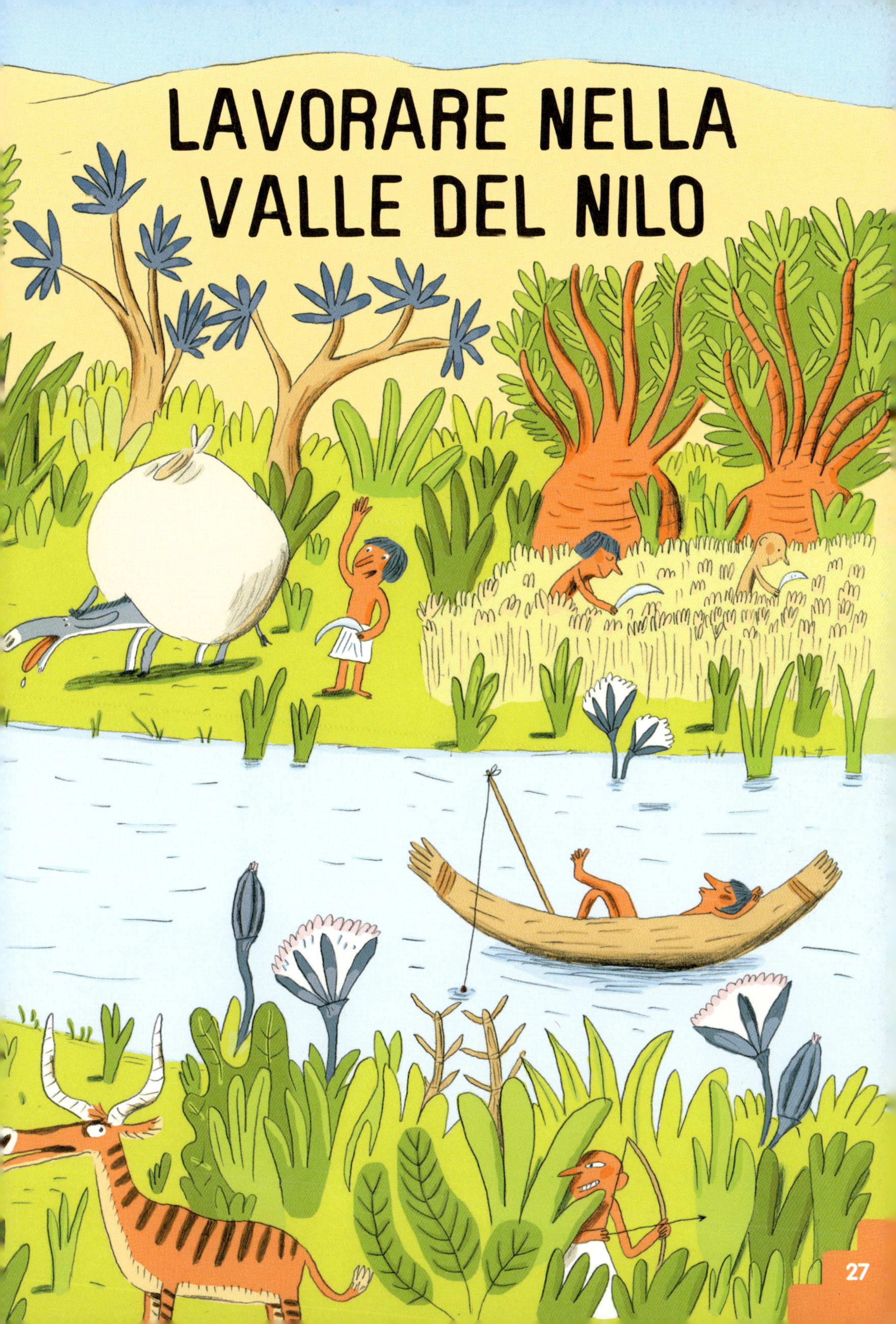

L'AGRICOLTURA

La coltivazione dei cereali è la più importante attività dell'agricoltura egizia: in particolare, l'orzo e il grano sono usati per la produzione di pane e birra, elementi di base dell'alimentazione. Alcuni terreni sono coltivati a ortaggi.

L'agrimensura

Subito dopo la piena, nel corso del mese di novembre, scribi specializzati si recano nei campi e ne misurano la superficie: è l'operazione detta di "agrimensura". Essa permette di calcolare l'ammontare dell'imposta dovuta dai contadini agli agenti del fisco. Come strumento di misura, l'agrimensore usa una corda annodata a intervalli di cinque cubiti (2,62 metri).

La semina e l'aratura

Subito dopo, si deve approfittare dei pochi giorni in cui il terreno resta morbido per arare e seminare. In Egitto, la terra è così soffice che non richiede lavori preparatori; l'aratura serve a far penetrare la semente nella terra. Allo scopo, si usa un aratro trainato da buoi e guidato da un uomo. Le terre rimaste sommerse per minor tempo richiedono invece che si frantumino le zolle indurite con il mazzuolo o la zappa.

La raccolta

La raccolta inizia ai primi di marzo.
Si comincia con l'orzo e, qualche settimana dopo, si passa al grano.
Per mietere i cereali si usa il falcetto.
Una mano afferra la cima della pianta, l'altra trancia la spiga sotto i primi chicchi.
Le spighe vengono accumulate a terra.

La trebbiatura e la spulatura

Le spighe vengono messe in panieri di vimini trasportati a braccia o a dorso d'asino al luogo di trebbiatura.
Una volta giunto a destinazione, il frumento viene rovesciato, rimescolato con forconi e calpestato dai buoi, per separare i chicchi dalla spiga. Poi si deve liberare il grano dalla pula (la buccia).
Per farlo, si riempie di chicchi un grosso recipiente di legno e il contenuto viene scagliato il più in alto possibile, in modo che il vento disperda la pula.

Il calcolo e il pagamento dell'imposta

L'ultima operazione consiste nel calcolo della quantità di grano prodotta. Sotto il vigile occhio degli scribi, gli operai riempiono gli stai, recipienti che contengono 4,8 chili.
Tanti stai registrati, tanti chili di grano raccolti. A questo punto, gli scribi esigono dal contadino la quantità di grano stabilita al momento dell'agrimensura. Se questi non è in grado di pagare l'imposta, viene picchiato a sangue.

L'ALLEVAMENTO

Accanto all'agricoltura, l'allevamento è uno dei settori più importanti dell'economia egizia. Il primo posto spetta ai bovini, seguiti da capre e montoni, asini e volatili (oche, anatre, cigni, piccioni, gru, pellicani e alzavole). Il pollame sarà introdotto in Egitto solo nell'epoca greca.

Greggi fuori del normale

Tra il 3000 e il 1500 a.C. si può notare una vera e propria evoluzione nella composizione delle greggi: alcune specie scompaiono, sostituite da altre di provenienza asiatica. Nelle opere d'arte figurativa più antiche, stupisce la grande quantità di specie che formano il gregge: fianco a fianco, procedono animali domestici, gazzelle, bubali, stambecchi, orici, cervi e perfino iene. Il fatto si spiega così: gli egizi hanno tentato di addomesticare tutti gli animali, compresi quelli selvatici catturati nel deserto, ma con scarso successo. Perciò gli allevatori hanno finito per dedicarsi solo a poche specie: buoi, asini, cavalli, capre, montoni, maiali, oche e anatre.

L'allevamento bovino

Nelle scene di vita quotidiana, il ruolo giocato dall'allevamento bovino è molto importante. Il bue è l'animale preferito dagli egizi, non solo perché lo si può mangiare, ma perché rende preziosi servigi nei lavori agricoli.

Le immagini mostrano spesso un bovaro in compagnia della mandria: l'aiuta a passare il guado, munge una vacca, fa nascere il vitellino... Egli ama a tal punto i suoi animali che a volte ne decora le corna, o dà loro un soprannome: Dorina, Lucente, Bella.

Ancora tasse!

Anche gli allevatori, come i contadini, sono tassati: devono versare l'imposta sulle greggi. Per contare il numero dei capi, una volta all'anno si procede al loro raggruppamento presso il proprietario. All'inizio dell'estate, i pastori riportano le greggi dai pascoli o dalle stalle, e gli scribi si insediano in casa del proprietario, per contare il numero di capi di ogni specie, registrare le nascite e annotare le perdite. Con queste informazioni, stabiliscono l'ammontare dell'imposta.

Lo sai che...

Nel periodo dei faraoni, gli allevatori hanno l'abitudine di rimpinzare le oche, ma non per gustare il pâté di fegato! Solo perché più l'oca è grassa, più è apprezzata dal ghiottone egizio.

LA PESCA E LA CACCIA

Fin dalla preistoria, la pesca nelle paludi e la caccia nel deserto forniscono agli egizi un considerevole apporto alimentare; in tal modo si accaparrano infatti grosse quantità di pesci, uccelli e selvaggina.

Le diverse tecniche di pesca

La pesca con la rete, il procedimento più rapido ed efficace per catturare molto pesce, richiede una decina di uomini, due barche e una grossa rete rettangolare, che termina in due corde alle estremità. I pescatori prendono il largo e, a buona distanza dalle sponde, calano la rete fra le barche. Poi, remando, si spostano lentamente verso riva, e la trascinano. Una volta a terra, gli equipaggi scendono dalle barche e, sempre divisi in due squadre, tirano le corde per trarre il pescato a riva. Quando i pesci sono troppo grossi, i pescatori si servono di un arpione (bastone dalla punta uncinata che si conficca nella carne del pesce).
Per la pesca in solitario, ci si serve invece di un guadino o di una corda munita di un amo (l'antenato della canna da pesca).

La caccia con la rete

Si tratta di un sistema davvero ingegnoso per catturare facilmente gli uccelli. Per collocare la trappola, i cacciatori si appostano nei pressi di una pozza d'acqua. Sulla superficie, stendono una rete divisa in due metà che combaciano perfettamente.
Una corda, che viene fissata a un palo, comanda la chiusura della rete; gli uomini si piazzano lì, in paziente attesa che gli uccelli cadano in trappola. Il caposquadra, nascosto nei cespugli, appena giudica che il bottino sia buono, fa un cenno con il braccio. È il momento di dare uno strattone alla corda e di imprigionare gli uccelli nella rete.

La caccia nel deserto

Per cacciare la selvaggina con la rete è necessario conoscere le abitudini degli animali e i luoghi in cui vanno ad abbeverarsi.
Le fasi della caccia consistono nell'attrarre le bestie in un luogo stabilito in anticipo e nel prenderle in trappola. Si sceglie il fondo di un'ampia valle incassata, attorno al quale si dispone la rete. All'interno si sistemano cibo e acqua. Poi ci si apposta e si attende: uno dopo l'altro, gli animali si avvicinano all'esca. Quando il bottino è ricco, si chiude la rete e si sciolgono i cani: tocca a loro rincorrere gli animali imbizzarriti che tentano di fuggire.
A quel punto sbucano fuori i cacciatori, armati di bastoni e corde.

LO SFRUTTAMENTO DELLE MINIERE E DELLE CAVE

I deserti egiziani sono ricchissimi di minerali. Vi si trovano pietre come il granito, l'alabastro, il calcare, il porfido o la quarzite e metalli come l'oro, il rame, il piombo e la galena, ma anche pietre preziose come il turchese, il lapislazzulo e l'ametista.

Il lavoro nelle cave

Per estrarre la pietra dalle cave, gli egizi sfruttano diverse tecniche. Se la pietra è tenera (i calcari, per esempio), usano una punta metallica su cui battono con un martello di legno. Se la pietra è più dura (il granito, per esempio), praticano piccoli fori rettangolari a distanza fissa lungo il blocco che hanno intenzione di prelevare dalla parete rocciosa. Nei fori vengono inseriti dei cunei di bronzo o di legno. Infine, si batte con il martello sui cunei, in modo da sbalzare fuori il blocco.

Il lavoro nelle miniere

In miniera, il lavoro è durissimo e spesso tocca ai prigionieri. Dotati di pesanti martelli, gli uomini scavano gallerie sotterranee lungo i filoni. Gli strati ricchi di minerali sono spesso a tali profondità che, per raggiungerli, si devono scavare pozzi o gallerie lunghi più di cento metri. Per far luce, gli operai hanno lampade a olio fissate sulla fronte. Gli spazi sono talmente angusti che i minatori devono procedere accovacciati. Nella mano sinistra reggono uno scalpello di bronzo, nella destra un martello. Una volta staccati, i blocchi devono essere estratti dalla miniera: questo lavoro viene fatto dai ragazzi, che sgusciano più agevolmente nelle gallerie.

Un ingente fabbisogno

L'Egitto dei faraoni è un grande consumatore di pietre e metalli. In un'epoca che ignora il cemento, tutti gli edifici importanti si costruiscono in pietra, specialmente i templi e le tombe (le piramidi, per esempio). Con i metalli e le pietre preziose si fabbricano utensili, gioielli e soprattutto oggetti destinati ad accompagnare il re nella tomba.

Lo sai che...

La prima mappa della storia si deve agli egizi e risale al 1150 a.C. circa. Rappresenta le miniere aurifere dello Uadi Hammamat, nel deserto Arabico. Vi sono segnati i giacimenti, le vie d'accesso, le capanne degli operai, le falde acquifere e le cappelle dedicate agli dei.

LE SCIENZE

Gli egizi hanno fama di essere bravissimi in scienze, specie in matematica e astronomia. Le loro conoscenze sono molto estese e, soprattutto, applicate ai problemi della vita quotidiana: calcolare la superficie di un campo, orientare un monumento rispetto ai punti cardinali, misurare il trascorrere delle ore durante la notte…

Una matematica pratica

Al contrario dei greci, che attribuiscono grande importanza alla teoria, gli egizi si interessano esclusivamente della pratica: importa il risultato del calcolo, non il procedimento per ottenere il risultato.
I testi noti in materia sono libri destinati a insegnare il calcolo agli studenti: ogni esercizio riporta la formulazione del problema e la soluzione. Appreso il manuale, lo studente deve essere capace di effettuare qualsiasi calcolo.

Una medicina ancora primitiva

Le opere mediche sono raccolte di ricette destinate a guidare il medico che prende in cura un malato. Ciascun caso studiato è suddiviso in tre parti. Ecco un esempio: "Se vedi qualcuno che ha del pus negli occhi (descrizione dei sintomi), dirai che è congiuntivite (diagnosi) e gli coprirai gli occhi con ocra rossa (terapia)".
Purtroppo, in molti casi, le terapie non sono efficaci sul decorso della malattia: o il paziente guarisce spontaneamente, oppure muore per l'infezione contratta.

Un'astronomia molto efficace

Poiché le carte celesti dell'epoca egizia non sono ancora state completamente decifrate, si ignora quali fossero esattamente le conoscenze astronomiche di questo antico popolo. Quel che è sicuro è che gli astronomi egizi erano abilissimi nell'osservazione delle stelle.

Il calendario solare: un'invenzione egizia

L'importanza dell'agricoltura nella valle del Nilo induce gli astronomi egizi a elaborare il calendario solare. Esso comprende 365 giorni, divisi in 12 mesi di 30 giorni. Alla fine dell'anno, avanzano cinque giorni detti "epagomeni". Ogni mese comprende 3 **decadi** di 10 giorni, ciascuno di 24 ore. L'anno è diviso in 3 stagioni (inondazione, semina e raccolto) ciascuna di 4 mesi. Il punto debole del calendario è che manca di 6 ore: l'anno solare comprende infatti 365 giorni e un quarto. Oggi noi recuperiamo il quarto grazie a un anno bisestile ogni quattro; gli egizi invece non hanno mai tentato di correggere l'errore.

LA VITA QUOTIDIANA

CASE E GIARDINI

La comodità e il lusso di una casa egizia dipendono certo dalle sue misure, ma anche dalle cure prestate al giardino e agli spazi comuni (ingresso, corridoi, cortili). La qualità dei materiali scelti per la costruzione e le decorazioni varia a seconda della ricchezza del proprietario.

La casa modello

Le case egizie sono costruite in mattoni crudi: si tratta di un amalgama di limo del Nilo, acqua e paglia, con il quale si fabbricano mattoni che vengono posti a essiccare al sole. È un materiale assai resistente, particolarmente adatto in un paese dove non piove quasi mai.
I mattoni servono per la costruzione di muri e divisori. La pietra, invece, serve per i telai delle porte e i basamenti delle colonne. Il legno è impiegato nelle travi portanti, nelle colonne e nelle porte. Tutte le parti lignee sono dipinte di rosso, un colore che allontana i demoni. Stuoie di giunco coprono i pavimenti in terra battuta.
Le case più semplici comprendono un ingresso, una sala principale, una camera da letto, una cucina e una dispensa per conservare il cibo. Il tetto, cui si accede grazie a una scala, è adibito a terrazzo.

C'è casa e casa!

Ogni città presenta sempre due quartieri ben distinti: quello degli alti funzionari e quello del popolino. E se le case comuni sono piccole (circa 25 metri quadrati), quelle dei ricchi sono sfarzose: possono arrivare a 2400 metri quadrati con settanta vani e un gran numero di corridoi, camere, saloni e cortili.

Il giardino

Una casa non è finita se manca il giardino: più è grande, maggiore è l'orgoglio del proprietario. Il giardino è disposto intorno a una vasca centrale. Da qui si dipartono piccoli appezzamenti alberati: si tratta di strisce distinte, a seconda delle specie piantate.
Un testo menziona un giardino con più di 500 alberi di 23 specie differenti, alcune delle quali rarissime: sicomori, persee, palme da dattero, fichi, tamerici…

Lo sai che...

Alcune opere figurative provano che gli egizi hanno costruito piccoli complessi residenziali. Poiché tuttavia questi edifici sono scomparsi da molto tempo, non siamo in grado di dire quali materiali venissero impiegati per evitare eventuali crolli poco dopo la costruzione.

A TAVOLA!

L'alimentazione degli egizi si caratterizza per la varietà e l'abbondanza delle portate disposte in tavola. Non v'è tuttavia traccia di "cucina" in senso proprio, con ricette elaborate. Si tratta di una civiltà di ghiottoni, non di buongustai!

Il pasto domestico

Gli egizi fanno tre pasti al giorno: una colazione, che ognuno consuma da solo; un pranzo, verso mezzogiorno; una cena, il pasto più importante della giornata, il solo in cui la famiglia è riunita. In genere, si mangia accovacciati attorno a una stuoia di giunco, sulla quale sono poggiati i piatti. Nelle famiglie ricche, i genitori siedono a un tavolino stracolmo di cibo, mentre i bambini stanno accoccolati sui cuscini.

Le buone maniere a tavola

Se qualcuno ti invita, devi rispettare precise regole di comportamento. Non devi affrettarti verso la tavola, e sei pregato di farti bastare le porzioni servite, senza chiedere altro. Prima di toccare il cibo, devi attendere che il padrone di casa inizi. Se non hai più fame e gli altri ancora non hanno finito il pasto, devi fingere di mangiare, masticando a vuoto. Inoltre, non devi mai guardare negli occhi il padrone di casa né parlare senza essere stato interpellato.

Divoratori di pane, carne e pesce

Il pane è l'alimento di base della dieta egizia. Ne esistono vari tipi: salati, dolci, cotti in forno e no. Gli egizi sono grandi estimatori di carni – manzo, selvaggina del deserto (antilopi, gazzelle, stambecchi), uccelli acquatici (anatre, piccioni, alzavole, quaglie, gru, oche) – e di numerose varietà di pesce, a eccezione del fahaka, il pesce palla del Nilo (detto "il disgustoso"). Carni e pesce sono preparati alla griglia, essiccati o in ragù. Per contorno, sono apprezzati i legumi e le verdure, crudi oppure saltate nell'olio, nel burro o nel grasso d'oca: lenticchie, ceci, cetrioli, crescione, porri, fave, cipolle, aglio.

Un bicchiere di troppo!

Di regola, ai pasti si consuma birra, descritta come: "bevanda alcolica di gusto soave e aroma gradevole". Nelle festività, però, si preferisce il vino. L'Egitto ha un'eccellente produzione vinicola, e capita che gli invitati eccedano, come testimoniano alcune opere figurative.

LA FAMIGLIA

Non appena raggiunta l'età di sposarsi, gli egizi mettono su famiglia e sfornano tanti bambini. Anche se tutti i neonati sono apprezzati, il desiderio del padre è quello di avere un maschio che ne perpetui il nome e gli succeda nella professione.

La nascita

In un'epoca in cui la medicina non è efficace come quella odierna, la nascita di un bambino costituisce sempre un momento di grande preoccupazione. La donna partorisce in casa e, poco prima del parto, si isola dal resto della famiglia. È assistita da una levatrice o da una vicina. Nato il piccolo, i genitori si preoccupano di conoscere il suo oroscopo: alcuni giorni sono ritenuti propizi, altri no. Per esempio, chi nasce il 9 del mese di akhet (che inizia a metà agosto), morirà di vecchiaia; chi invece nasce il 4, morirà di febbri; chi il 5, d'amore; chi il 6, di sbronza!

L'infanzia

La madre allatta il bambino per due o tre anni. A partire dai quattro anni, il bimbo gira nudo, con una piccola perla blu al collo che dovrebbe scongiurare il malocchio. Porta i capelli raccolti in una treccia fissata su un lato: è la "treccia dell'infanzia", che lo accompagna fino all'adolescenza. Se non è tra i fortunati destinati ad andare a scuola, il figlio maschio segue il padre al lavoro, mentre la femmina aiuta la madre in casa. Nel tempo libero, i bambini giocano all'aperto con gli animali o con i coetanei.

Il matrimonio

Le ragazze si sposano all'età di 12 o 13 anni; i ragazzi, invece, a 15 o 16.
Il futuro coniuge è scelto spesso dai genitori, ma può essere indicato anche dalla ragazza. In entrambi i casi, il padre della sposa deve dare il benestare affinché l'unione abbia luogo.
Si può iniziare la vita coniugale anche senza contratto di matrimonio: spesso questo viene redatto in seguito, e costituisce una garanzia per la donna in caso di divorzio.
Una volta che la sposa va a vivere con il marito, diviene la "signora della casa": le sue occupazioni riguardano l'organizzazione domestica e dell'educazione dei figli.

Lo sai che...

La donna egizia ha gli stessi diritti dell'uomo. È infatti proprietaria dei suoi beni, di cui dispone a suo piacimento. In caso di divorzio, la legge le è nettamente favorevole, tanto che il marito ne esce completamente rovinato. Questo è senza dubbio il motivo per il quale le coppie egizie sono molto stabili.

ABBIGLIAMENTO E ACCONCIATURA

Uomini e donne prestano grande attenzione alla cura del corpo, all'abbigliamento e all'acconciatura; gli egizi sono molto vanitosi e conoscono innumerevoli segreti per rendere brillanti i capelli, nascondere i foruncoli, rassodare la pelle, togliere il grigio dalle sopracciglia…

Una donna civettuola

I canoni di bellezza della donna egizia sono piuttosto attuali: è snella e ben proporzionata, con gambe lunghe e seno piccolo. Nel suo corpo non c'è traccia di grasso. La pelle è luminosa e il trucco è sempre molto leggero. Su zigomi e labbra, si applica un grasso colorato all'ocra rossa, e intorno agli occhi si traccia una semplice linea di *khôl* nero. La donna egizia sfoggia molti gioielli: cerchi alle orecchie, braccialetti, anelli, collane, cavigliere…

Lo sai che...

L'uso delle scarpe presso gli egizi era completamente diverso dal nostro. Benché suoni incredibile, non si poteva stare in casa senza scarpe! Per strada, invece, era buona educazione togliersi i sandali e tenerli in mano, per poi calzarli una volta arrivati a destinazione.

Un guardaroba sofisticatissimo

D'abitudine, la donna indossa una sorta di tubino di lino con le spalline, mentre l'uomo veste un corto *pagne*, una semplice pezza di tessuto annodata alla cintola.

Nell'alta società, la donna indossa una veste a pieghe che arriva alle caviglie, fatta di lino bianco leggerissimo, quasi trasparente, con le maniche lunghe. Talvolta si copre le spalle con uno scialle. Qualunque sia l'abbigliamento, il tessuto non è mai decorato, bensì ravvivato da nastri colorati.

Quanto all'uomo, sopra il *pagne* indossa delle brache a sbuffo, lunghe fino al ginocchio; il torso è avvolto in una tunica leggera, dalle maniche ampie e plissettate.

Le parrucche

Donne e uomini portano assai spesso parrucche di capelli naturali tenuti insieme da cera riscaldata. Le acconciature alla moda sono molte: chiome più o meno lunghe, con o senza frangia, lisce, arricciate o ondulate (talvolta formate da centinaia di treccioline), alla paggio o sciolte sulle spalle.

La chioma nera, spesso tinta di *henné* sulle punte, è impreziosita da un cerchietto in tessuto o in metallo prezioso.

A SCUOLA

«Vorrei che tu amassi i libri più di tua madre, e che ti impegnassi nello studio» dice il padre al figlio che si accinge a cominciare la scuola. E così, all'età di cinque o sei anni, alcuni bambini hanno il privilegio di entrare nella "casa dell'istruzione", ossia nella scuola: sono quasi tutti parenti del re o figli di funzionari.

La scuola e il maestro

La scuola è diretta da funzionari che dipendono dal palazzo reale, dai templi o dai principali dipartimenti pubblici.
Al contrario di quanto accade oggi, gli alunni non sono raggruppati in classi di diversi livelli: dal momento del loro ingresso a scuola, sono seguiti da un solo maestro per tutto il corso di studi.

Libri e quaderni

Per il bambino che vuole diventare scriba, la giornata comincia di buonora: all'alba esce di casa, con la bisaccia carica del necessario per scrivere. Giunto a scuola, riceve i quaderni dei compiti.
A seconda del bilancio della scuola, gli studenti scrivono su frammenti di ceramica o di calcare (chiamati ***ostraca***), su tavolette di legno ricoperte di uno strato di gesso, su lavagnette di calcare lucidato o su rotoli di papiro.
Per certe materie, come la matematica, gli alunni dispongono di libri di esercizi.

Le materie scolastiche

Si inizia con l'insegnamento della scrittura, mediante esercizi di copiatura e dettati. In un primo momento, l'alunno traccia segni isolati; imparato l'alfabeto, si applica a liste di parole. A mano a mano che si impratichisce, copia testi sempre più lunghi. È importante scrivere in bella calligrafia, con uno stile elegante e un'ortografia perfetta.

Oltre agli esercizi di scrittura, di grammatica e di sintassi, gli allievi studiano le leggi e i regolamenti, l'aritmetica e la geometria, la storia, la geografia e le lingue straniere.

I bravi e gli asini

Se i testi ci tramandano casi di alunni prodigio, di frequente i rapporti fra il maestro e gli allievi sono molto tesi.

Quando il bambino si sottrae al lavoro, ogni metodo è buono per farlo tornare sui libri: incoraggiamenti, competizioni, promesse di un brillante futuro, punizioni, castighi, minacce…

Fra gli appellativi equivalenti al nostro "asino", ci sono quelli di "bubalo del deserto" e "oca del Nilo", animali considerati assolutamente inutili.

LA MUSICA E LA DANZA

Musica e danza sono al centro della vita degli egizi. Non v'è festività religiosa, banchetto o sepoltura senza la presenza di un'orchestra più o meno numerosa, accompagnata da cantori e danzatori.

Un'orchestra diversificata

Inizialmente, l'orchestra si compone di tre strumenti: un doppio flauto a becco, un'arpa e un flauto di canna. Molto spesso, un cantore accompagna i musicisti. Inginocchiato accanto all'orchestra, egli segue con lo sguardo gli strumentisti. Con una mano si tappa un orecchio, per sentire meglio la sua voce, con l'altra batte il tempo.

In seguito, l'orchestra si apre alle donne e si arricchisce di strumenti. La pandora, la lira, il doppio oboe, il tamburello, le castagnette, il sistro entrano a far parte di ogni valido complesso strumentale.

La danza

Accanto all'orchestra, compaiono danzatori o danzatrici: la natura della festa ispira la coreografia da realizzare. Nelle opere d'arte figurativa sono spesso raffigurati banchetti, dove le giovani danzatrici indossano soltanto una cintura sulle anche. Al ritmo della musica, volteggiano battendo le mani. Quando la cadenza accelera, ancheggiano ed effettuano movimenti ritmati. Nel complesso, la coreografia somiglia molto a una danza del ventre.

Esistono le partiture?

Ci si interroga ancora sulla notazione musicale dell'antico Egitto. È certo che un'autentica trascrizione dei suoni e del ritmo non esiste: tuttavia, in alcune opere figurative, è possibile notare abbozzi di notazione accanto ai musicisti. Sono di solito segni isolati, che possono tentare di rappresentare una nota tenuta o la ripetizione di una melodia.

Lo sai che...

A dirigere i musicisti è una specie di direttore d'orchestra, detto "chironomo": egli indica con un gesto della mano il pezzo da interpretare o il ritmo da tenere. A differenza del direttore d'orchestra moderno, che guida il complesso dei musicisti, il chironomo si occupa di un solo musicista. Quando i gesti dei vari chironomi si accordano tra loro, l'orchestra esegue la stessa melodia; ma se i gesti sono diversi, i musicisti non eseguono lo stesso brano.

I DIVERTIMENTI

Nei giorni di festa, gli egizi amano dedicarsi alle attività ricreative. Alcuni vanno a caccia o a pesca, altri si mettono in viaggio, organizzano banchetti o si riposano in giardino. Non mancano però attività un po' più movimentate.

Gli sport di combattimento

Lo sport favorito degli egizi è la lotta. Non si conoscono le regole, ma le opere figurative mostrano alcune prese che sono ancora oggi praticate dai lottatori. Gli egizi organizzano anche combattimenti acquatici. Ogni squadra si sistema in una barca, e i membri dell'equipaggio, armati di pertiche di legno, devono squilibrare l'altra barca e spingere in acqua la squadra avversaria. Quando una delle barche ha perduto tutto l'equipaggio, la sfida è finita. Gli egizi praticano anche la scherma con il bastone. Solo il braccio che non è armato è protetto da un rivestimento di cuoio. I contendenti si affrontano frontalmente, a gambe larghe e leggermente flesse. Non sappiamo quali siano i colpi ammessi.

Caccia e pesca in palude

I membri delle classi superiori amano recarsi nelle paludi per una partita di caccia o di pesca. È un divertimento per tutta la famiglia. I pesci si cacciano all'arpione, gli uccelli con il bastone da getto. Il cacciatore sta in piedi e attende il momento propizio per scagliare l'arma. Il bastone da getto è una sottile canna di legno, con un'estremità leggermente incurvata che termina con una testa di serpente. È l'arma ideale per colpire gli uccelli acquatici che si alzano in volo.

La caccia nel deserto

La caccia nel deserto è uno sport esclusivo, praticato dal faraone e dagli alti dignitari. Costoro partono per grandi battute di caccia allo struzzo, all'elefante, al toro selvatico, agli animali del deserto e al leone. Le belve possono essere intrappolate e catturate con la rete oppure abbattute con arco e frecce.

Lo sai che...

Gli egizi praticano alcuni giochi alla scacchiera. Il più rinomato è il *senet*, una sorta di *backgammon*. Le regole sono ignote, ma se ti colleghi a internet e digiti "senet", troverai siti che ti propongono di giocare... ovviamente con regole diversissime da quelle originali.

LA VITA DOPO LA VITA

Per gli egizi, la morte non è la fine della vita, ma il passaggio a un'altra forma di esistenza. Il corpo riposa nella tomba mentre l'anima vaga tra il mondo dei morti e quello dei vivi. La vita nell'aldilà è eterna. Ci si deve quindi preparare a essa nel migliore dei modi.

La morte: un momento drammatico

Nessun popolo ha riservato maggiore attenzione degli egizi alla morte e specialmente alla vita ultraterrena. Ciò non significa che amino la morte: al contrario, la considerano un evento ingiusto.
Tuttavia, poiché la seconda vita è eterna, bisogna assolutamente prendere, finché si è vivi, tutte le precauzioni necessarie al passaggio dell'anima nell'aldilà: sepoltura, tomba e **cappella funeraria.**

Nutrirsi nell'aldilà

Poiché il defunto vive una seconda vita nell'aldilà, sembra ragionevole che anche nella nuova esistenza egli si nutra. In effetti, nulla incute maggior terrore di una seconda morte, che sarebbe definitiva. Il defunto la può evitare solo se cibi e bevande, senza i quali nessuno può sopravvivere, gli sono forniti con regolarità nella cappella funeraria.
Ogni tomba dispone quindi di una sezione separata, nella quale si trovano i depositi di offerte che dovrebbero garantire la sopravvivenza del defunto.

Il peso dell'anima

Ogni defunto desidera essere accolto nel regno del grande Osiride, dio dei morti e signore dell'aldilà.
Ma il cammino è lungo e difficile: il defunto è soggetto a numerose prove, in particolare alla pesatura dell'anima o *psicostasia*, grazie alla quale si può scoprire se l'uomo si è comportato bene nella vita terrena.

Su un piatto della bilancia si posa il cuore del defunto, sull'altro una piuma, simbolo della dea della giustizia e della verità. Se il cuore pesa quanto la piuma, l'uomo è stato buono e può accedere al regno di Osiride.
Se il cuore pesa più della piuma, l'uomo è stato malvagio e viene divorato da un mostro.

Gli ushabti, operai funerari

Quando un defunto è ammesso nel regno di Osiride, riceve un piccolo appezzamento di terra che deve assicurare il suo fabbisogno alimentare. Affinché produca cereali, verdure e frutti, la terra va coltivata.
Per non dover lavorare, il defunto affida allora il compito a piccole statue, gli ***ushabti***. Posti nella tomba, a fianco del sarcofago, dovrebbero occuparsi dei lavori agricoli in vece del defunto.

L'ULTIMO VIAGGIO

È essenziale che il passaggio dal mondo dei vivi a quello dei morti avvenga nelle migliori condizioni. Di norma, quest'ultimo viaggio è stato meticolosamente preparato in anticipo: si sono lasciate disposizioni riguardo alla mummificazione, la tomba e l'arredamento funerario sono pronti e il problema dell'approvvigionamento di cibo è stato risolto.

La mummificazione

L'imbalsamazione, che permette la conservazione del corpo, è un lavoro affidato agli specialisti. In primo luogo, il cervello viene estratto dalle narici con un uncino di ferro. Poi, con un coltello, si pratica un'incisione nel corpo e lo si svuota degli organi interni, tranne il cuore (che serve per la pesatura dell'anima). Infine, per disidratarlo, il corpo è immerso per settanta giorni nel natron (una specie di sale). Quando è completamente essiccato, viene profumato e avvolto in strette bende. Durante la preparazione, gli imbalsamatori inseriscono sotto il bendaggio **amuleti** protettivi. Le viscere (fegato, polmoni, stomaco e intestino) sono collocati in quattro vasi, chiamati **canopi**.

Il passaggio da oriente a occidente

L'Egitto è diviso in due dal Nilo: a est, dove sorge il sole, abitano i vivi; a ovest, dove l'astro tramonta, regnano i morti. Sulla riva occidentale sorgono i templi funerari e le tombe. Al momento della sepoltura, il corteo funebre attraversa il Nilo per condurre il defunto alla tomba.

La sepoltura

Quando un uomo muore, la prima preoccupazione è di mummificarne il corpo affinché si conservi.
Fatto ciò, si effettuano diversi riti per restituirgli la vita nell'aldilà, poi la mummia è deposta nella bara. Il corteo funebre è guidato dai sacerdoti che portano la bara. Seguono le prefiche, pagate per piangere sulla morte del defunto, e da ultimi i familiari, gli amici e i servi, incaricati di portare il mobilio funebre: letti, tavoli, sedie, scrigni di gioielli, vestiti, sandali, casse di cibarie, cofanetti di *ushabti*.

Giunti alla tomba, i sacerdoti depongono il sarcofago e i servi iniziano a preparare il pranzo funebre, l'ultimo consumato dalla famiglia alla presenza del defunto. Spesso viene accompagnato da musica e danze. Terminato il pranzo, i servi calano il sarcofago e il mobilio funebre nella tomba. Infine l'ingresso viene sigillato, e il corteo fa ritorno sulla riva orientale.

NY

ALLA SCOPERTA DELL'EGITTO

LE PIRAMIDI DI GIZA

Sull'altopiano desertico di Giza svettano tre enormi piramidi, ben visibili anche dalla città del Cairo. Esse appartengono a Cheope, Chefren e Micerino, faraoni della IV dinastia (2500 a.C. circa). Pur essendo state costruite più di 4500 anni fa, sono ancora perfettamente conservate.

Stesse tombe per tutti i faraoni?

Le piramidi sono le tombe dei faraoni, ma non tutti i faraoni sono sepolti nelle piramidi. Tutankhamon, per esempio, non è inumato in una piramide. Infatti, soltanto alla fine del Medio Regno, verso il 1750 a.C., le piramidi iniziano a essere utilizzate come luoghi di sepoltura. In seguito, poi, si preferiscono tombe scavate nella falesia. Il vantaggio di queste nuove sepolture è che attirano meno l'attenzione dei ladri!

Perché farsi seppellire in una piramide?

I re definiscono le piramidi come "le scale per vedere gli dei". Per capire il senso della frase, devi ricordare che per gli egizi il faraone è figlio degli dei e il loro rappresentante sulla terra. Alla sua morte, egli si congiunge al padre, il sole. I testi enumerano diversi modi di raggiungere il cielo: le scale e i raggi del sole. La piramide va quindi considerata come una rappresentazione simbolica della scala che porta al sole.

I numeri della piramide di Cheope

La piramide di Cheope è la più grande delle tre collocate nella piana di Giza. Gli scrittori antichi la considerano la prima meraviglia del mondo. Ecco qualche numero, per darti un'idea dell'enormità della piramide: oggi è alta 137 metri (10 in meno di quando è stata costruita), circa la metà della Torre Eiffel; il lato è di 230 metri; la superficie della base, di 53.000 metri quadrati, può contenere la basilica di San Pietro; è fatta con 2.300.000 blocchi di pietra.

La Sfinge

Ai piedi delle piramidi, si possono notare templi, tombe per i funzionari e piramidi più piccole per le regine. Più in basso si trova la **Sfinge**, un enorme leone con testa umana, lungo 70 metri, che è il guardiano della necropoli di Giza. Se hai visto il film *Asterix e Cleopatra* già conosci la Sfinge. A staccarle il naso, in realtà, non è stato Obelix, ma un emiro del XVI secolo che l'ha sfregiata, colpendola con una palla di cannone.

COME SONO STATE COSTRUITE LE PIRAMIDI?

A questa domanda nessuno sa dare una risposta definitiva. Perciò la costruzione delle piramidi resta un mistero irrisolto. Nei libri si trovano spiegazioni di tutti i tipi, ma ricorda che sono ipotesi da verificare, e che oggi non si può dire nulla di preciso in materia.

Da non credere!

Alcuni scrittori narrano che le piramidi non sarebbero opera dell'uomo. Le avrebbero costruite gli dei egizi o addirittura i marziani o gli atlantidei (leggendari abitanti di un'isola misteriosa, situata nell'Oceano Atlantico). Evidentemente sono teorie ridicole!

Solo ipotesi...

Per tentare di capire la tecnica usata dagli egizi per costruire le piramidi, ci si deve calare nei loro panni e immaginare di tornare indietro di 4500 anni. All'epoca, in Egitto non si conoscevano né il ferro né il bronzo: gli strumenti di lavoro erano in rame, un materiale assai mediocre per lavorare la pietra. Il paese era inoltre povero di legname: vanno perciò scartate tutte le tecniche che prevedono un vasto impiego di questo materiale. La ruota non c'era ancora (compare verso il 1750 a.C.). Va quindi escluso l'impiego di pulegge, tondelli e carri.

Che cosa rimane? Ben poco… eppure le piramidi esistono!

Una civiltà industriosa

È vero che gli egizi hanno poco legname, ma sono abilissimi nel realizzare impalcature e rampe in mattoni crudi. Benché inoltre ignorino la ruota, conoscono la slitta. E se non hanno pulegge e carri, sono però in moltissimi a lavorare attorno alle piramidi. Ecco dunque qualche ipotesi.

Mentre alcuni operai estraggono le pietre dalle cave, altri trascinano i blocchi sulle slitte fino ai piedi della piramide. Per riuscire a trainare un metro cubo di pietra è necessario il lavoro di una decina di uomini. Giunte a destinazione, le pietre vanno issate sulla piramide in costruzione.
Si pensa che gli egizi abbiano adottato un sistema di rampe in mattoni crudi: a mano a mano che la piramide si alza, viene costruita una rampa larga una quindicina di metri, che finisce per racchiudere l'edificio.

Una volta posti gli ultimi blocchi al vertice, la piramide è imprigionata in una grande massa di terra, che va eliminata. Lo smontaggio della rampa avviene in senso inverso alla posa, dall'alto in basso. Mentre ci si libera della terra, ci si può dedicare alla lucidatura delle pietre, operazione detta "ripulitura".

TEBE DALL'ALTO

A Tebe, che sorgeva dove oggi è la città di Luxor, si trova il maggior numero di monumenti dell'epoca dei faraoni. Perché? Tebe era la capitale d'Egitto durante il Nuovo Regno (tra il 1500 e il 1000 a.C.), l'epoca di massima potenza dello Stato. La città è divisa in due dal corso del Nilo: sulla riva destra, verso est, ci sono le abitazioni e i templi dedicati agli dei; su quella sinistra, a ovest, gli edifici consacrati ai defunti (templi funerari, tombe di re, necropoli per i cittadini).

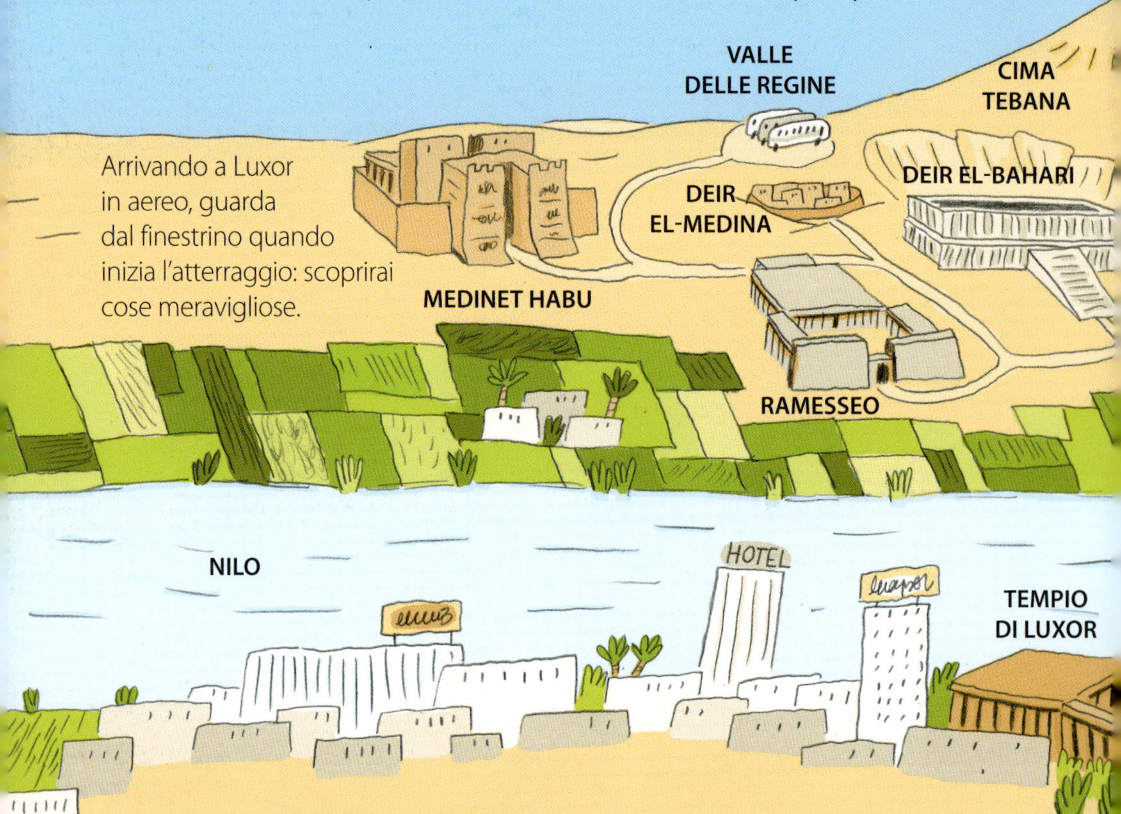

Arrivando a Luxor in aereo, guarda dal finestrino quando inizia l'atterraggio: scoprirai cose meravigliose.

Il NILO qui è larghissimo e su entrambe le rive ci sono campi e costruzioni moderne. Più avanti, inizia il deserto. Se guardi a destra, non ti sfuggirà l'enorme tempio circondato da una grande cinta in mattoni d'argilla: è il TEMPIO DI KARNAK, il santuario più bello e maestoso di tutto l'Egitto.
In lontananza, scorgerai un altro tempio più piccolo, che oggi sorge nel centro della città moderna: il TEMPIO DI LUXOR. Entrambi sono consacrati al dio Amon.

A sinistra, lungo il confine fra le coltivazioni e il deserto, ci sono grandi edifici di pietra. Sono i templi funerari dei faraoni del Nuovo Regno. Puoi vedere il tempio di Ramesse II (il **Ramesseo**), quello di Ramesse III (il **Medinet Habu**), e quello della regina Hatshepsut, assieme ad altri, (il **Deir el-Bahari**). Alle spalle del Ramesseo, una strada risale fino a un grande slargo: da lì si accede alla **Valle delle Regine** dove sono sepolte le principesse e le regine del Nuovo Regno. Dal punto in cui sei, non puoi vedere le tombe nascoste nella montagna.

Se spingi lo sguardo più in là, vedrai la falesia di Libia, punteggiata di grossi buchi. Sono gli ingressi delle tombe scavate per i grandi funzionari dell'età dei faraoni. Con un po' di fortuna, puoi distinguere un piccolo villaggio di forma ovale ai piedi della falesia: è **Deir el-Medina**, il villaggio degli operai della Valle dei Re. E dov'è la Valle dei Re, dove sono sepolti i faraoni? Non la puoi vedere, perché è completamente nascosta dietro la **Cima tebana**, un'altura a forma di piramide naturale che domina il complesso della necropoli di Tebe.

IL TEMPIO DI LUXOR

Il tempio di Luxor è un'autentica piccola meraviglia. È conservato splendidamente e ti permette di capire al meglio come funziona un santuario egizio. È stato costruito da Amenhotep III e Ramesse II, i due più insigni faraoni del Nuovo Regno.

La grande festa di Opet

La festa di Opet è la più grande e attesa celebrazione che si svolge tutti gli anni a Tebe; coincide con il Capodanno egizio che cade nel corso del mese di agosto.

Per l'occasione, il dio Amon lascia il suo tempio di Karnak (che dista circa tre chilometri) e si trasferisce per una decina di giorni a Luxor. Lo accompagnano sua moglie Mut e il figlio Khonsu.

Sia l'andata sia il ritorno hanno luogo in battello, sulle acque del Nilo. Sotto gli sguardi e le acclamazioni della folla, i sacerdoti collocano le statue degli dei nelle loro barche sontuose e partono per Luxor. Qui si svolgono numerose cerimonie in onore di Amon: acrobati, musicisti e danzatori si esibiscono. Al termine della festa, gli dei fanno ritorno a Karnak.

Il tempio

Seguimi, e ti guiderò nel tempio di Luxor. Osserva bene l'entrata, poiché si presenta come al tempo degli egizi: una porta gigantesca, formata da due costruzioni di forma trapezoidale, detta pilone. Dinanzi alla porta ci sono quattro statue colossali e un **obelisco** (originariamente erano due).

Alle tue spalle, puoi notare un viale di sfingi: al tempo dei faraoni, si estendeva per tre chilometri, e giungeva a Karnak. Entrato nel grande cortile, che oggi è parzialmente occupato da una moschea, un colonnato ti condurrà in un secondo cortile.

Queste sono le parti all'aperto del tempio, che formano il luogo di accoglienza per gli dei. Più oltre, il tempio è completamente chiuso: è il santuario propriamente detto.

Sul fondo, in un piccolo vano oscuro, è conservata una statua di Amon. Ai lati, puoi osservare un grande numero di stanze: alcune sono consacrate a Mut e Khonsu, altre fungono da depositi per gli oggetti di culto utilizzati durante le cerimonie.

Lo sai che...

Davanti all'entrata del tempio di Luxor puoi vedere un bellissimo obelisco in granito rosa; inizialmente ce n'erano due. Sai dove si trova il gemello?

Nel bel mezzo di Plâce de la Concorde, a Parigi. È stato offerto dall'Egitto alla Francia quando Champollion ha decifrato la scrittura geroglifica.

LA VALLE DEI RE

Nel corso del Nuovo Regno (tra il 1500 e il 1000 a.C.), quando Tebe è la capitale dell'Egitto, i re si fanno seppellire in un sito chiamato la Valle dei Re. Qui si trovano le tombe dei faraoni più noti: i Ramesse, i Thutmosi, gli Amenhotep, Tutankhamon…

Il sito

La Valle dei Re si trova a Tebe ovest, nel cuore di un vallone incassato nella montagna. Oggi una strada asfaltata permette di raggiungere il sito, ma all'epoca dei faraoni l'unica via d'accesso era uno stretto sentiero che saliva sulla montagna.
Nella valle sono state ritrovate più di 63 tombe di faraoni (ma anche di principi e principesse), e ve ne sono altre. D'altra parte, le scoperte più recenti sono avvenute fra il 2012 e il 2014!

Addio, piramidi!

Non cercare piramidi nella Valle dei Re. Non ce ne sono! I faraoni sono sepolti in tombe scavate nella montagna, dette **ipogei**. La piramide è una costruzione monumentale e ha il difetto di essere visibile da lontano. Poiché nel luogo di sepoltura si trovano la mummia del faraone e tutti i suoi tesori, è inevitabile che i ladri ne siano attirati. In seguito a numerosi saccheggi ai danni delle piramidi, i faraoni hanno deciso di farsi seppellire in tombe più discrete: hanno quindi scelto un luogo ben nascosto nella montagna e fatto in modo che le tombe siano camuffate nella falesia, cosicché dall'esterno si noti solo una porticina, che costituisce l'ingresso del luogo di sepoltura.

Visitiamo una tomba

Varcata la porta, ti ritrovi in un corridoio in discesa, di solito molto ampio, che viene chiamato "discenderia". I muri sono ricoperti di disegni che raffigurano il faraone al cospetto delle divinità funerarie.

Poi inizi a scendere, sempre più giù, fino alla **camera sepolcrale**, che contiene il sarcofago del re. Le tombe più lunghe misurano 100-120 metri. Talvolta l'immenso corridoio è interrotto da sale pilastrate o da pozzi per intrappolare i ladri.

Lo sai che...

Nelle tombe, non aspettarti di trovare sontuosi tesori o le mummie dei faraoni. Da molto tempo ormai non ci sono più. A dispetto degli sforzi dei re per nascondere le loro tombe, i ladri sono riusciti a penetrarvi e a rubare ciò che aveva qualche valore. Fa eccezione un solo caso, quello di Tutankhamon. Gira la pagina...

LA TOMBA DI TUTANKHAMON

Il 4 novembre 1922 Howard Carter scopre nella Valle dei Re una tomba che racchiude ancora tutti i suoi tesori: appartiene a Tutankhamon, faraone che ha regnato verso il 1330 a.C. Si tratta di una scoperta archeologica eccezionale, la più importante mai compiuta in Egitto.

La scoperta

«Il 4 novembre, quando arrivai al cantiere, un insolito silenzio mi fece intuire che sarebbe accaduto qualcosa» racconta Howard Carter. Gli operai hanno appena scoperto il primo gradino di uno scalone e, in preda all'eccitazione, mostrano il ritrovamento a Carter e si rimettono al lavoro. Portano così alla luce dodici scalini che conducono a una porta murata, con inscritto il nome di Tutankhamon. In quell'istante, Carter comprende di aver appena fatto una scoperta eccezionale.

Una tomba stipata all'inverosimile

La tomba di Tutankhamon è diversissima dagli altri sepolcri della Valle dei Re. Essa si compone di quattro stanze realizzate in fretta: l'anticamera, la camera laterale, la camera sepolcrale e la camera del tesoro. Nonostante la piccola dimensione della tomba, gli archeologi, in oltre sei anni di lavoro, hanno estratto e inventariato più di 3500 reperti! La tomba era talmente piena di oggetti, sparpagliati a terra o affastellati in disordine, da non potervisi muovere.

Il momento più emozionante

L'apertura della camera sepolcrale somiglia a un racconto di fate. È in questa sala che riposava la mummia di Tutankhamon.
Era protetta da tre sarcofaghi in oro massiccio, incastrati l'uno nell'altro (uno dei quali del peso di 110 chili!). Il tutto (complessivamente circa 1250 chili) era sistemato in un sarcofago di pietra, ricoperto da quattro casse di legno dorato.
Sul volto della mummia c'era una maschera funeraria d'oro, e sul corpo più di cento amuleti e gioielli.

Lo sai che...

In seguito alla scoperta della sua tomba intatta nella Valle dei Re, Tutankhamon è il faraone più celebre d'Egitto. Eppure il suo non è stato un regno glorioso. Asceso al trono a nove anni, non ha potuto governare lo Stato personalmente. È morto a diciannove anni, senza avere fatto niente di significativo.

IL VILLAGGIO OPERAIO DI DEIR EL-MEDINA

Il villaggio di Deir el-Medina alloggia gli operai incaricati di realizzare le tombe della Valle dei Re e della Valle delle Regine. Cavapietre, scultori e pittori vivono laggiù, isolati dal resto del mondo, in modo che non trapelino indiscrezioni sulla posizione e il contenuto delle tombe.

L'organizzazione del villaggio

Situato a Tebe ovest, ai piedi della montagna, Deir el-Medina comprende una settantina di case, separate da una grande strada centrale. Il villaggio è diviso in due settori assegnati a due squadre: quella di destra e quella di sinistra. Ciascuna è diretta da un caposquadra, aiutato da un assistente. I problemi logistici sono affidati a uno scriba. Le squadre comprendono diversi scribi, disegnatori, scultori, pittori, muratori, cavapietre e stuccatori.

L'organizzazione del lavoro

Tutto si svolge in periodi di 10 giorni, chiamati decadi. Ogni giorno è diviso in mattina e pomeriggio, per un totale di otto ore lavorative, con un intervallo a mezzogiorno per il pranzo e il riposo. Gli operai riposano due giorni ogni decade e gli ultimi cinque giorni dell'anno. In più, durante le festività sono esentati dal lavoro, e le assenze, per alcuni numerose, non sono quasi mai punite.

Lo sai che...

All'epoca dei faraoni la moneta non esiste. Gli operai non sono pagati in denaro, ma in natura. Alla fine del mese, ricevono cereali, dolci, prodotti freschi, conserve di carne e di pesce, birra, indumenti, filo, sandali, legna da ardere, stoviglie...

Realizzare una tomba

Una volta scelta la posizione, i cavapietre iniziano il lavoro. Scavano con scalpelli di bronzo e mazzuoli di legno, mentre i facchini trasportano i detriti in ceste di giunco. Tocca poi agli stuccatori, che devono lisciare le pareti con uno strato d'intonaco.

A questo punto, iniziano i lavori di decorazione. I disegnatori tracciano una quadrettatura con inchiostro rosso, che servirà a copiare sulla parete il modello disegnato sul papiro. Arrivano quindi gli scultori, che incidono il rilievo con uno scalpello di bronzo e un martello di pietra, e poi i pittori, che si servono di una ciotola d'acqua, di una tavolozza per i colori e di pennelli di diverso spessore. Infine, quando il lavoro è ultimato, il caposquadra realizza una mappa della tomba.

I TRE UOMINI CHE "SCOPRIRONO" L'EGITTO

Napoleone Bonaparte

Nel 1798 il generale Bonaparte organizza una spedizione militare in Egitto. Non porta con sé soltanto soldati: è accompagnato da studiosi incaricati di stilare un inventario completo del paese. In due anni, gli scienziati disegnano tutto ciò che trovano: il risultato dei loro lavori è pubblicato nei venti volumi, e nelle tremila tavole, della *Descrizione dell'Egitto*. La passione per l'Egitto ha origine da questa spedizione.

Jean-François Champollion

Il 14 settembre 1822, dopo vent'anni di lavoro massacrante, Jean-François Champollion annuncia al mondo la scoperta della chiave per decifrare la scrittura geroglifica. La possibilità di leggere i geroglifici inscritti sugli architravi o sui papiri permette all'egittologia di diventare una scienza.

Auguste Mariette

Nel 1859 Auguste Mariette organizza le spedizioni scientifiche in Egitto: finiscono così i saccheggi del XVIII e XIX secolo, che avevano depredato la valle del Nilo di buona parte dei suoi monumenti. Mariette istituisce il Servizio delle antichità egizie, struttura destinata a regolamentare gli scavi archeologici e la conservazione dei monumenti.

L'EGITTO DEI MUSEI

Se vai in Egitto, devi assolutamente convincere i tuoi genitori a portarti al **Museo egizio del Cairo**. Lì potrai ammirare non solo il tesoro di Tutankhamon, ma i più begli oggetti della civiltà dei faraoni. (*www.sca-egypt.org*)

Puoi visitare anche il **Museo egizio di Luxor**. È piccolo ma ben organizzato, si arricchisce continuamente di nuovi reperti ed espone pezzi di eccellente qualità. (*www.sca-egypt.org*)

Se non hai la possibilità di andare in Egitto, puoi ammirare reperti meravigliosi anche nei musei d'Europa. Il **Louvre**, a Parigi, ospita una ricca collezione di antichità egizie. Gli oggetti sono divisi in due sezioni: puoi scegliere il percorso cronologico, che presenta i pezzi secondo la loro epoca, oppure (e te lo consiglio!) il percorso tematico, in cui potrai vedere quello che hai letto in questo libro (agricoltura, allevamento, artigianato, scienze, scrittura, musica ecc.). (*www.louvre.fr*)

Altri importanti musei che espongono antichità egizie sono:

il **British Museum di Londra**
(*www.britishmuseum.org*)

l'**Ägyptisches Museum di Berlino**
(*www.smb.spk-berlin.de/amp*
oppure *www.egyptian-museum-berlin.com)*

il **Metropolitan Museum of Art di New York**
(*www.metmuseum.org*)

In Italia devi proprio visitare il **Museo egizio di Torino** che, come quello del Cairo, è dedicato esclusivamente all'arte e alla cultura dell' antico Egitto. (*www.museoegizio.it*)

Ma anche in altre città ci sono raccolte importanti:

nei **Musei Vaticani**, a Roma
(*www.museivaticani.va*)

al **Museo archeologico nazionale di Firenze**
(*www.archeotoscana.beniculturali.it*)

al **Museo archeologico nazionale di Napoli**
(*www.cir.campania.beniculturali.it*)

CRONOLOGIA

Periodo dei Tinitidi (3150-2685 a.C.)

L'Alto e il Basso Egitto si unificano sotto il potere di un unico re: il **faraone d'Egitto**.

Antico Regno (2685-2180 a.C.)

È il periodo aureo della civiltà dei faraoni.
III dinastia: **Gioser**
IV dinastia: **Cheope**, **Chefren**, **Micerino**

Primo periodo intermedio (2180-2040 a.C.)

La fine dell'Antico Regno è contrassegnata da un lungo periodo di turbolenze: carestie, anarchia, indebolimento del potere del re.

Medio Regno (2040-1780 a.C.)

Il regno, a dispetto della sua gloria, non riesce a riprendersi appieno, e perciò l'Egitto ripiomba nell'anarchia.
XII dinastia: **Amenemhat I** e **Sesostri I**

Secondo periodo intermedio (1780-1550 a.C.)

Gli *hyksos*, originari dell'Asia, conquistano il potere in Egitto.

Nuovo Regno (1550-1070 a.C.)

Dopo avere cacciato gli *hyksos*, i faraoni restaurano il regno e lo conducono all'apogeo.
XVIII dinastia: **Ahmosi**, **Thutmosi**, la regina **Hatshepsut**,
i faraoni **Ekhnaton** e **Tutankhamon**
XIX dinastia: **Sethi I**, **Ramesse II**
XX dinastia: **Ramesse III**

Terzo periodo intermedio (1070-525 a.C.)

Lo Stato deve affrontare difficoltà interne, lotte per il potere e nuove invasioni.

Età tarda (525-332 a.C)

Segna il lento declino dell'Egitto.
Egitto greco (332-30 a.C)
Nel 332 a.C. **Alessandro il Grande** conquista il paese e diviene re d'Egitto. Gli succedono quattordici re, i **Tolomei**, e una regina, la grande **Cleopatra**.

Egitto romano (30 a.C.-395 d.C.)

Le armate romane invadono l'Egitto nel 30 a.C. Cleopatra lascia lo Stato ai romani e si suicida. L'Egitto diviene una provincia romana, soggetta al potere di **Augusto** (l'imperatore romano).

GLOSSARIETTO

AMULETO: piccolo oggetto che protegge, nella vita terrena e nell'aldilà, colui che lo porta su di sé.

CAMERA SEPOLCRALE: parte della tomba in cui sono collocati il sarcofago contenente la mummia del defunto e il mobilio funerario.

CAPPELLA FUNERARIA: edificio in cui si depongono le offerte alimentari necessarie al sostentamento del defunto.

DECADE: periodo di dieci giorni. Gli egizi dividono il mese in tre decadi e non, come noi, in quattro settimane.

DEMOTICO: scrittura corrente degli scribi, usata a partire dal VII secolo a.C.

GEROGLIFICO: scrittura sacra, usata nei templi, nelle tombe e nei documenti funebri per tutta l'età dei faraoni.

IERATICO: scrittura corrente degli scribi, usata nel periodo che va dagli albori della storia egizia al VII secolo a.C.

IPOGEO: tomba scavata nella falesia.

MUMMIFICAZIONE: tecnica di conservazione del corpo.

MURO DI CINTA: spesso muro in mattoni crudi che circonda il tempio e lo isola dal mondo esterno.

OBELISCO: monolito innalzato all'ingresso dei templi, alto una quindicina di metri. L'obelisco è il simbolo solare per eccellenza.

OSTRACON (plurale ostraca): frammento di vaso in terracotta o scheggia di pietra sul quale si prendono appunti per uso personale. Corrisponde grosso modo a una nostra "brutta copia".

PAPIRO: pianta acquatica che, se trattata, offre il miglior supporto per la scrittura. Il papiro è resistente, elastico, comodo da trasportare e se viene arrotolato non si rompe.

PILONE: ingresso monumentale del tempio composto di due massi di forma trapezoidale, separati da un'apertura che permette l'accesso al santuario.

PIRAMIDE: tomba del faraone nell'Antico e nel Medio Regno (2650-1750 a.C.)

SACERDOTE: servitore del dio.

SANCTA SANCTORUM: cella segreta del tempio, in cui sono conservate la statua del dio e la portantina per le processioni.

SFINGE: leone sdraiato con testa umana, simbolo del faraone o di un dio solare.

TEMPIO: casa del dio.

UREO: cobra eretto, simbolo dell'occhio di Ra, che sormonta la corona reale. Gode della fama di proteggere il faraone e respingere i suoi nemici.

USHABTI: statuette di servi funerari che devono svolgere i lavori agricoli spettanti al defunto.

VASI CANOPI: vasi in cui si collocano le viscere mummificate del defunto: fegato, polmoni, stomaco, intestino.

L'EGITTO IN QUIZ

1. Quale festa viene celebrata tutti gli anni nel tempio di Luxor?

2. Chi è Cheope?

3. Quanti oggetti sono stati scoperti nella tomba di Tutankhamon?

4. Qual è la differenza tra scrittura geroglifica e scrittura ieratica?

5. Chi ha rotto il naso della Sfinge?

A ☐ Obelix **B** ☐ Un emiro **C** ☐ Darth Fener

6. A quando risale l'introduzione del ferro in Egitto?

7. Qual è l'inconveniente del calendario egizio?

8. Di che cosa sono fatte le parrucche degli egizi?

9. Qual è lo sport preferito dagli egizi?

10. A che cosa servono gli *ushabti*?

11. Come sono pagati gli operai egizi?

12. Quali sono le tre stagioni dell'anno, in Egitto?

13. Dove sono sepolti i faraoni del Nuovo Regno?

14. Chi fu soprannominato "il Napoleone egizio"?

15. Come si chiama la corona dell'Alto e Basso Egitto?

16. Di' cinque nomi di divinità egizie.

RISPOSTE

1. La grande festa di Opet, che coincide con il Capodanno.
2. È il faraone che ha edificato la grande piramide di Giza.
3. Più di 3500 pezzi.
4. La scrittura geroglifica è quella sacra, mentre la ieratica è quella d'uso quotidiano.
5. (b) Un emiro del XVI secolo.
6. Compare sotto il regno di Tutankhamon, ma si afferma appieno solo tra il 1000 e il 600 a.C.
7. Comprende solo 365 giorni, mentre l'anno solare è di 365 giorni e 6 ore.
8. Sono fatte di capelli naturali, tenuti insieme con cera riscaldata.
9. La lotta.
10. Sono statuette di servi funebri che devono svolgere i lavori agricoli al posto del defunto.
11. Sono pagati in natura, poiché la moneta viene introdotta solo nell'epoca greca.
12. L'inondazione (*akhet*), da giugno a ottobre; la semina (*peret*), da novembre a febbraio; il raccolto (*shemu*), da marzo a giugno.
13. Nella Valle dei Re.
14. Thutmosi III.
15. *Pschent.*
16. Controlla la tua risposta alle pagine 10-11.

INDICE